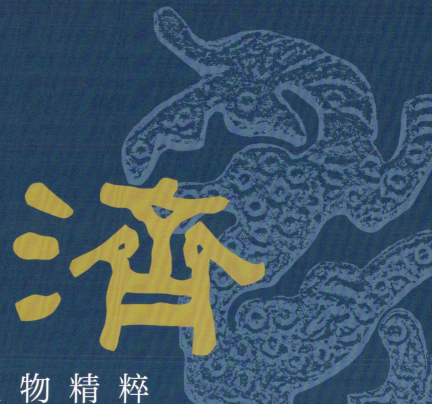

济源

出土文物精粹

济源市文物工作队　编著

科学出版社

北　京

图书在版编目（CIP）数据

济源出土文物精粹 / 济源市文物工作队编著. 北京：科学出版社，2025. 3.
ISBN 978-7-03-081643-6

Ⅰ. K873.614.2

中国国家版本馆CIP数据核字第2025ZQ3009号

责任编辑：张亚娜　周艺欣／责任校对：张亚丹
责任印制：张　伟／书籍设计：北京美光设计制版有限公司

科学出版社 出版
北京东黄城根北街16号
邮政编码：100717
http://www.sciencep.com

北京华联印刷有限公司印刷
科学出版社发行　各地新华书店经销
*

2025 年 3 月第　一　版　开本：889×1194　1/16
2025 年 3 月第一次印刷　印张：13 3/4
字数：200 000

定价：228.00 元
（如有印装质量问题，我社负责调换）

前　言

　　济源市位于河南省西北部太行山南麓，因济水发源地而得名，北依太行，西望王屋，南临十三朝古都洛阳，东接太极故里焦作。济源历史悠久，文化底蕴厚重，地下文物埋藏丰富，文物精粹更是数不胜数，它们见证了济源的发展历程，承载着深厚的历史底蕴和文化内涵。

　　新中国成立以来，济源积极开展文物保护和考古发掘工作，早在1959年，河南省文物工作队与济源县文化馆对庙街遗址进行了试掘。进入21世纪以后，济源的考古发掘工作更是突飞猛进，济源市文物工作队先后参与了留庄、长泉、留村东、柴庄、王虎等遗址的发掘工作，同时配合沁北电厂、小浪底水利枢纽等重点工程建设，发掘了一批古墓葬和古遗址，出土了一批精美的文物。济源地区考古工作成果丰硕，特别是柴庄遗址被评为"2019年河南省五大考古新发现"，并入选"河南考古百年百大考古发现"。济源地区发掘出土的文物，造型精美，工艺卓越，蕴含着丰富的历史信息和文化价值。每一件文物都是历史的见证者，为研究济源历史文化，还原了古人社会生活和文化面貌提供了物质资料。

　　济源文物藏品极为丰富，本书以年代为序，从出土文物中甄选精粹汇编而成。通过本书以期展现出济源地区文化的发展历程和各个时期的文化特色。值得一提的是济源地区的汉代陶器，釉色丰富、造型朴实、工艺精湛、题材广泛，有着鲜明的地域特色。为我们了解汉代地域社会生活和历史文化提供了宝贵的实物资料。

　　《济源出土文物精粹》的出版，不仅是对古代文明的尊重和传承，也为后人了解和研究济源历史文化提供了宝贵的资料。同时展示了济源地区丰富的历史文化底蕴和独特的文化魅力，增强了人民的文化自信。在未来的发展中，我们将继续加强对文物的保护和研究，让这些宝贵的文化遗产得以世代相传、永续发展。

编　者

2023年9月

 目 录

先秦时期

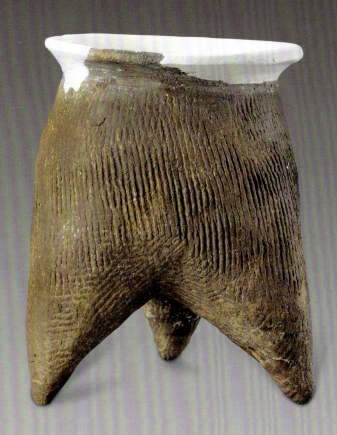

002

陶鬲

商代
口径20.2厘米、通高20.2厘米
2019年天坛街道柴庄遗址F20出土

夹砂灰陶。侈口，卷沿，方唇，裆部较低。上腹部饰一周横向抹弦纹，近口沿处绳纹弯曲，绳纹涂抹面积小。

陶簋

商代
口径21.7厘米、高13.3厘米
2019年天坛街道柴庄遗址F22出土

　　泥质灰陶。敞口，厚方唇，圜底，矮圈足。
颈腹之交内壁有一周凹槽。腹部饰刻划三角纹，
三角纹内外均填充绳纹，上腹部饰两周凹弦纹。

陶簋

西周
口径28厘米、底径15.8厘米、高21.4厘米
2021年轵城镇王虎遗址东区T0507③层出土

　　泥质灰陶。敞口，卷沿，方唇，曲腹较深，
圈足外撇。中上腹饰两组凹弦纹，下腹饰交错中
绳纹。

铜戈

西周
通长28.2厘米、宽11厘米、厚0.79厘米
2019年思礼镇三河水库出土

　　青铜质地。援体狭长，援的前锋钝圆，近援末处下沿延展成胡，胡上有二穿。

灰陶蒜头壶

战国
口径3.6厘米、底径9.5厘米、高27厘米
2014年中原锻压工地出土

　　泥质灰陶。蒜形小圆口，细长颈，广肩，扁鼓腹，小平底。

汉晋时期

釉陶壶

汉代
口径17.2厘米、底径18厘米、通高41.7厘米
2010年坡头镇留庄村M2出土

釉陶。通身施红褐釉。盘口,束颈,溜肩,鼓腹,假圈足。壶盖完整,圜顶,宽沿。肩、腹部饰三组凸弦纹,每组两条。腹部对称饰有两个铺首衔环。

釉陶壶

汉代
口径16.67厘米、底径15.72厘米、通高39厘米
2003年五龙口镇留村M4出土

　　釉陶。壶身上部施绿釉，下部施深褐釉。壶盖施红褐釉。盘口，束颈，溜肩，鼓腹，假圈足。肩、腹部各饰两组凸弦纹。壶盖完整，盖面隆起，宽沿。盖面对称分布两蛇与两蟾蜍，蛇身呈 "S" 形，间饰云气纹，盖钮周围饰两周绳纹。盖钮呈蝴蝶形，钮身呈环状，表面饰绳纹，顶部向上伸出两根触角并在顶端卷曲，两侧伸出两对 "S" 形翅。

釉陶壶

汉代
口径13.2厘米、底径11.9厘米、高27.4厘米
2022年思礼镇思礼村出土

　　釉陶。口部及上腹部施绿釉，多已脱落，下腹部施酱釉。盘口，束颈，溜肩，鼓腹，假圈足。肩、腹部饰两组凸弦纹，腹部对称饰有两个铺首衔环。

釉陶壶

汉代
口径14厘米、底径14厘米、高37.6厘米
2022年五龙口镇卫生院M25出土

　　釉陶。口部及上腹部施绿釉，颈部、下腹部
施酱褐釉。盘口，束颈，溜肩，鼓腹，圈足。
肩、腹部饰两组凸弦纹，腹部对称饰有两个铺首
衔环。

釉陶壶

汉代
口径7厘米、底径7.4厘米、高16.7厘米
2020年天坛街道建业桂园M14出土

　　釉陶。肩部及上腹部施绿釉，圈足未施
釉，其余部分施红褐釉。盘口，束颈，溜肩，
鼓腹，假圈足。肩部、上腹部各饰两组弦纹，
每组两条。

口径7.7厘米、底径9.8厘米、高19.3厘米
2010年坡头镇留庄村M2出土

　　釉陶。壶身施红褐釉，口沿及上腹部二次施
绿釉，绘制弦纹、几何纹等纹饰，绿釉部分已脱
落。盘口，束颈，溜肩，鼓腹，假圈足。

016

灰陶壶

汉代
口径11.8厘米、底径10.5厘米、高22.3厘米
2014年中原锻压工地M7出土

泥质灰陶。侈口，卷沿，束颈，鼓腹，平底。颈、肩部饰两组弦纹。肩、腹部刻有"郑尔君"三字。

灰陶壶

汉代
口径5.1厘米、底径10.3厘米、高25.8厘米
2012年坡头镇留庄村出土

　　泥质灰陶。小盘口，折沿，沿面宽平，束颈
较细，溜肩，弧腹微收，平底。

红陶壶

汉代
口径8.1厘米、底径9.3厘米、通高20厘米
2020年天坛街道建业桂园M9出土

泥质红陶。侈口，平沿，束颈，溜肩，鼓
腹，平底。肩、腹部饰两周凹弦纹。

彩绘灰陶钫

汉代
口边长11.4厘米、底边长11.5厘米、通高41.5厘米
2017年五龙口镇西窑头村M2出土

泥质灰陶。钫身呈四棱形，方口，平沿，长颈，斜肩，微鼓腹，方形圈足外撇。钫盖为四阿形。盖面绘制有白色条纹带及卷云纹，钫身有黄、白、蓝、红彩绘制成的铺首衔环、龙纹、变形蝉纹等纹饰，部分脱落。

釉陶樽

汉代
口径21.1厘米、通高14.2厘米
2012年天坛街道柴庄村出土

　　釉陶。上部施绿釉，下部施酱色釉。直口，筒腹，平
底，下承三兽足。腹部饰两周凹弦纹。

彩绘灰陶樽

汉代

口径21.6厘米、通高13.5厘米

2020年轵城镇南李庄M1出土

　　泥质灰陶。直口，筒腹，平底，下承三兽
足。腹部饰两周凸弦纹，弦纹间有红色彩绘。

彩绘灰陶卧羊尊

汉代
长41厘米、宽11.5厘米、通高19.8厘米
2020年天坛街道东石花园M13出土

泥质灰陶。尊身呈卧羊状。羊背部为尊口，直口，平沿。羊角弯曲，四肢蜷曲。通体施彩绘，大部分已脱落，羊角处残留红彩。

釉陶鼎

汉代
口径10.18厘米、底径12.57厘米、通高16.88厘米
2003年五龙口镇留村M4出土

　　釉陶。鼎身上部釉面模糊不清，下部与鼎盖施褐釉。子母口，折肩，附两环形立耳，弧腹向下斜收，平底，下承三蹄足。肩部有一凸棱，腹部饰一周凸弦纹。鼎盖完整，盖面隆起。盖顶饰有大小相叠两只乌龟，头部及四肢刻画明显，大龟的龟壳上饰纹饰，龟周围有一周太阳形纹饰，大龟龟首两侧有两条小鱼。盖面对称分布两条应龙，首尾衔接，龙下各有一蛇，呈"S"形，周围云气环绕。盖沿有三周凸起。

釉陶鼎

汉代
口径11.5厘米、通高18.7厘米
2010年坡头镇留庄村M2出土

　　釉陶。鼎身满施红褐釉，在肩部与鼎盖上又施绿釉。鼎盖为覆盘形，有三个三角形钮，盖面绘制卷草纹。鼎腹呈半球形，子母口，折肩，附两立耳，弧腹较浅，圜底，下承三蹄足。下腹有一圈凸弦纹。

釉陶鼎

汉代

口径11.2厘米、通高18.2厘米

2022年五龙口镇新建卫生院M28出土

　　釉陶。鼎身以弦纹为界，上部施绿釉，下部施黄褐釉。子母口，折肩，附两立耳，弧腹较深，圜底，三兽足外撇。

彩绘灰陶鼎

汉代
口径17.4厘米、通高16.5厘米
2012年邵原镇邵原村出土

　　泥质灰陶。子母口，覆盘形鼎盖，浅腹，附双立耳，圜底，下承三高柱状足。鼎身、鼎盖满施红、黄两色，图案模糊。

彩绘灰陶鼎

汉代
口径18.5厘米、通高15厘米
2014年中原锻压工地M14出土

　　泥质灰陶。子母口，覆钵形鼎盖，腹深而下垂，附两立耳，三兽足矮而粗壮。鼎身、鼎盖饰红色宽弦纹。

彩绘灰陶鼎

汉代
口径15厘米、通高16厘米
2017年五龙口镇西窑头村M2出土

　　泥质灰陶。子母口，覆钵形鼎盖，深腹，附两立耳，圜底，三蹄足矮而粗壮。鼎身、鼎盖饰白色条带状图案等。

彩绘灰陶盒

汉代
口径15厘米、底径7.8厘米、通高12.8厘米
2017年五龙口镇西窑头村M2出土

泥质灰陶。子母口，盒盖为覆碗形，盒身呈深腹碗状。
盒盖、盒身以红、白、黄三色绘制卷云纹、花草纹等，部分
脱落。

彩绘灰陶盒

汉代

口径15.2厘米、底径7.6厘米、通高12.8厘米

2017年五龙口镇西窑头村M2出土

　　泥质灰陶。子母口，盒盖为覆碗形，盒身呈深腹碗状。盒盖彩绘保存较好，以黄、白、红三色绘制卷云纹、花草纹等。盒身彩绘脱落较多。

灰陶耳杯盒

汉代
长32.5厘米、宽7.5厘米、高7.7厘米
2020年天坛街道东石花园出土

　　泥质灰陶。盒身呈椭圆蚕茧形，两端各有一个半圆形捉手，平底。盒内盛有五个灰陶耳杯。

灰陶奁

汉代
口径20厘米、通高32厘米
2020年天坛街道建业桂园M66出土

　　泥质灰陶。由奁体、奁盖两部分组成。奁体为筒状，壁斜直。奁盖呈博山形，内空，以模制、捏塑、粘贴等工艺制作而成，塑造有山峦、人物、动物等。一牧羊老者身披蓑衣平坐于山顶平台，体态健硕、深目、高鼻，口微张，两臂向左右伸张，俯瞰羊群；一狗坐卧于老者右侧；羊、野猪、老虎等动物在山峦沟壑间奋蹄奔腾或俯首前行；一只老虎俯卧于地撕咬着刚捕获的猎物。整体造型逼真，栩栩如生。

灰陶奁盖

汉代
长45.4厘米、宽19.5厘米、高16.6厘米
2019年梨林镇西蒋村出土

泥质灰陶。长方体，直壁，盝顶，顶上有四
个乳钉。

釉陶案

汉代
长10.5厘米、宽3.4厘米、通高3.3厘米
2021年五龙口镇辛庄村M9出土

　　釉陶。通体施绿釉。长方形，下承四个锥状足。案上印有一条鱼。

彩绘灰陶案

汉代
长48.1厘米、宽33.2厘米、厚2.2厘米
2020年天坛街道东石花园M1出土

　　泥质灰陶。长方形，四周有凸沿，内部涂朱。陶案上放置五个耳杯，耳杯内部涂朱，两侧各有一个半圆形耳。

彩绘灰陶耳杯

汉代

长13.4厘米、宽10厘米、高3厘米

2016年克井镇贾庄村M1出土

泥质灰陶。椭圆形杯体，两侧各有一个半圆形耳，平底。内部涂朱。

釉陶卮

汉代

口径9.6厘米、高9.1厘米

2020年天坛街道建业桂园M14出土

釉陶。卮身施红褐色釉。直口，深腹，平底。腹部一侧有一个环形鋬耳。

釉陶魁

汉代
通长19.8厘米、口宽15.5厘米
2022年五龙口镇新建卫生院M28出土

　　釉陶。魁身内外施红褐釉，口沿外侧与柄施绿釉。魁身呈抹角长方形，敞口，深腹，平底。一侧有长柄，柄首向下弯折。

釉陶魁

汉代
通长23厘米、口宽16.1厘米
2022年五龙口镇卫生院M7出土

　　釉陶。通体施绿釉。魁身呈抹角长方形，敞口，深腹，平底。一侧有长柄，柄首向下弯折。

彩绘灰陶魁

汉代

通长21.6厘米、口径15.6厘米

2020年12月5日轵城镇南李庄村M1出土

　　泥质灰陶。魁身呈圆形，直口，深腹，平底。一侧有一龙首柄。内壁涂朱。

彩绘灰陶碗

汉代
口径19厘米、底径11厘米、高8.5厘米
2020年天坛街道东石花园M1出土

　　泥质灰陶。直口，圆唇，弧腹内收，平底，假圈足。碗内放置一陶勺。碗、勺内部均涂朱。

釉陶盆

汉代
口径19.6厘米、底径9.5厘米、高4.4厘米
2022年思礼镇思礼村出土

　　釉陶。通身施褐绿釉。敞口，平沿外折，斜腹下折内
收，平底。

彩绘灰陶盆

汉代

口径36.3厘米、底径6.7厘米、高8.4厘米

2020年天坛街道建业桂园M52出土

泥质灰陶。敞口，平沿外折，斜腹下折内收，平底。盆内壁刻有两条龙，口沿处施红彩。

彩绘灰陶盆

汉代
口径25厘米、底径10.2厘米、高5.1厘米
2017年五龙口镇西窑头M3出土

　　泥质灰陶。敞口，平沿外折，直腹下折内收，平底，假圈足。盆内部以黄、白两色绘制花卉纹、祥云纹等。

灰陶盆

汉代
口径40.2厘米、底径21.7厘米、高7.2厘米
2020年天坛街道建业桂园M37出土

泥质灰陶。敞口，平沿外折，斜腹内收，平底。盆内底一周刻画花草纹，底心刻一条鱼，鱼鳞刻画清晰。

釉陶钵

汉代
口径15.2厘米、高5.6厘米
2021年五龙口镇纳米产业园一期M9出土

　　釉陶。内部施褐色釉，口沿施绿釉，外部釉面已脱落。
侈口，平沿外折，弧腹，圜底。

釉陶三足罐

汉代
口径7.7厘米、底径15.8厘米、通高17.5厘米
2021年五龙口镇辛庄村M9出土

　　釉陶。罐身施褐绿釉。小敛口，丰肩，鼓腹，平底，下
承三蹄足。肩、腹部饰弦纹。

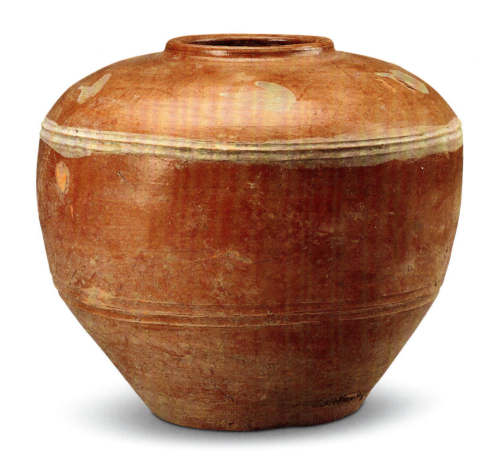

釉陶罐

汉代
口径8厘米、底径10.5厘米、通高18厘米
2010年坡头镇留庄村M1出土

　　釉陶。罐身施红褐釉，肩部以绿釉点绘云纹。小敛口，
圆唇，圆肩，鼓腹、平底。肩及下腹分别有一组凸弦纹，每
组三条。

釉陶仓

汉代
口径7.1厘米、底径15.6厘米、通高23.8厘米
2010年坡头镇留庄村M1出土

　　釉陶。通体施红釉，肩部以绿釉点绘云纹。小敛口，圆肩，筒腹斜收，平底，下承三兽足。腹部饰三组凸弦纹，每组三条。

釉陶仓

汉代
口径10.32厘米、底径22.30厘米、通高34.78厘米
2003年五龙口镇留村M4出土

　　釉陶。仓身上部施绿釉，部分脱落，下部与仓盖施褐釉。敛口，方唇，沿下有一周凸起，圆肩，筒腹斜收，平底，下承三蹄足。腹部饰三组凸弦纹，近底部饰一周凸弦纹。仓盖残，盖面隆起，宽沿。盖面饰龙蛇云气纹，两龙盘旋，两蛇位于两龙之下，呈"S"形，龙首扬起，张嘴嘶鸣，周围云气环绕。盖钮周围饰一周三角纹，盖沿饰一周凸弦纹。盖钮呈蝴蝶形，钮身呈环状，表面饰绳纹，顶部向上伸出两根触角并在顶端卷曲，两侧伸出两对"S"形翅。

釉陶仓

汉代
口径8.1厘米、底径17.7厘米、通高26.7厘米
2021年五龙口镇辛庄村M9出土

　　釉陶。上部施绿釉，下部施红釉。小敛口，圆肩，筒腹
斜收，平底，下承三蹄足。腹部饰三组凸弦纹。

灰陶仓楼

汉代
长37厘米、宽27厘米、通高33.3厘米
2011年邵原镇邵原村出土

　　泥质灰陶。整体呈长方体。仓楼为四阿顶，正面有一长方形门，上下通透。仓楼内部分为两层，为增加二层承重力，一层中间有一横墙，将一层分为东、西两间。

釉陶井

汉代
长11.6厘米、宽11.4厘米、高7.6厘米
2014年天坛街道柴庄村出土

　　釉陶。通体施酱褐釉。方形井圈，直壁，四面有菱形纹饰。上有"井"字形仿木结构井栏，井架已失。

釉陶井

汉代
口径13.6厘米、底径10.5厘米、通高20.1厘米
2012年天坛街道柴庄村M10出土

　　釉陶。通体施红褐釉。圆形井圈，宽折沿，腹壁略内曲。井沿上放置一釉陶汲水罐。梯形井架，井架上方有辘轳。

灰陶井

汉代

口径16.7厘米、底径15厘米、通高26.1厘米

2011年邵原镇邵原村M1出土

泥质灰陶。圆形井圈，宽折沿，腹壁略内曲。拱形井架，井架上方有辘轳。

灰陶井

汉代
口径17.8厘米、底径15厘米、通高23.6厘米
2022年沿太行高速济源段尚前村M1出土

　　泥质灰陶。圆形井圈，宽折沿，腹壁略内曲。梯形井架，井架上方有四阿顶遮檐。

灰陶井

汉代
口径17.5厘米、底径12.3厘米、通高30.2厘米
2011年邵原镇邵原村M1出土

　　泥质灰陶。圆形井圈，宽折沿，斜壁。井沿上放置一汲水陶罐。梯形井架，井架上方有四阿顶遮檐。

釉陶灶

汉代
长32厘米、宽22厘米、灶体高17厘米
2003年五龙口镇留村M4出土

　　釉陶。通体施红褐釉，边沿、挡火墙及烟囱顶部施白釉。整体呈长方体，中空。灶面上有两小一大三个釜穴，呈三角形分布。前端两个小釜穴上的釜施褐釉，正中大釜穴上的釜施黑釉。大釜穴两侧的灶面饰有鱼及环首长刀，刀刃弯曲，上有一尖刺，柄两端内卷。灶体前壁有一拱形火门。灶面前端边缘有梯形挡火墙，后端中部置一楼形烟囱。灶体前壁两侧、灶面四周饰有菱形纹饰带。

釉陶灶

汉代
长29厘米、宽16.2厘米、通高22.1厘米
2020年天坛街道建业桂园M14出土

　　釉陶。通体施红褐色釉。整体呈长方体，中空。灶面上有两小一大三个釜穴，呈三角形分布。前端两个小釜穴上有釜，釜施绿釉，正中大釜穴上放置甑等炊具。灶体前壁有一圆形火门。灶面前端边缘有梯形挡火墙，后端中部置一塔形烟囱。

灰陶灶

汉代
长26.2厘米、宽19厘米、高9.4厘米
2016年克井镇贾庄村M1出土

　　泥质灰陶。整体呈长方体，中空。灶面上有两小一大三个釜穴，呈三角形分布，其上均连接一陶釜。灶面饰有羊头、鱼及炊具。灶体前壁有一落地拱形火门。灶面前端边缘有挡火墙，后端中部置一圆形排烟孔。灶面四周饰有菱形纹饰带，挡火墙处饰五个乳钉纹。

釉陶磨

汉代
长11厘米、宽10厘米、通高8厘米、磨扇直径6厘米
2012年天坛街道柴庄村出土

　　釉陶。磨扇上扇施绿釉，下扇与磨架施红褐釉。磨扇为圆形，中部有两个半圆形漏斗，漏斗底部有两个磨眼，漏斗中间有一隔梁。下扇与磨架连为一体，下扇中间有锥状磨脐，磨架近似方形，下有四个柱状足。

灰陶磨

汉代
长21.1厘米、宽21.1厘米、通高12.3厘米、
磨扇直径10.2厘米
2020年轵城镇南礼庄村M1出土

　　泥质灰陶。磨扇为圆形，上扇中部有两个半圆形漏斗，漏斗底部有两个磨眼，漏斗中间有一隔梁。下扇与磨架连为一体，磨架近似方形，下有三个圆形支柱。

灰陶磨

汉代
长15.2厘米、宽14.5厘米、通高9.5厘米、
磨扇直径10厘米
2020年天坛街道建业桂园M66出土

　　泥质灰陶。磨扇为圆形，上扇一侧伸出圆柱
形上折的磨柄，中部有两个半圆形漏斗，漏斗底
部有两个磨眼，漏斗中间有一隔梁。下扇与磨架
连为一体，下扇中间有锥状磨脐，磨架近似方
形，下有四个柱状足。

釉陶簸箕

长12厘米、宽8厘米、高4厘米
2003年五龙口镇西窑头村（沁北电厂工地）出土

釉陶。通体施红釉。整体呈扇形，两侧上翘，侧缘有沿。底部模印线条纹。

灰陶碓

汉代
长23.2厘米、宽6.3厘米、通高7.7厘米
2020年天坛街道东石花园M10出土

泥质灰陶。整体由栏架、米杵两部分组成。

釉陶烤炉

汉代
口长21.6厘米、口宽12.28厘米、
底长15.76厘米、底宽5.53厘米、
通高14.18厘米
2003年五龙口镇留村M4出土

　　釉陶。炉身上部施绿釉，下部施深褐釉。炉身呈长方形，上宽下窄，
宽折沿，平底，下承四个蹄形足。炉身长边两侧各有三条长方形镂孔，底
部有三条长方形镂孔。炉身两端有两个拱形提手，与口沿四角的环形立耳
相连。口沿上并列放置两根长条形烤棒，一根烤棒上有五条鱼，另一根烤
棒上有三只鹌鹑。

釉陶烤炉

汉代

通高13.05厘米

2003年五龙口镇留村M4出土

　　釉陶。炉身施绿釉。炉身呈长方形，上宽下窄，宽折沿，平底，下承四个蹄形足。长边两侧各有三条月牙形镂空，短边两侧各有一条月牙形镂空，底部有三条长方形镂空。炉身两端有两个拱形索状提手。口沿上并列放置两根长条形烤棒，一根烤棒上有五只蝉蛹，另一根烤棒已残，其上之物不明。

釉陶炉

汉代

口径18.6厘米、底径8.7厘米、通高5.9厘米

2012年天坛街道柴庄村出土

　　釉陶。内部施绿釉，外部无釉。炉身呈圆盘形，敞口，折沿，斜弧腹，平底，下承三乳足。炉壁与底部有长方形镂孔。

釉陶炉

汉代
口径16.4厘米、底径12.2厘米、通高4.8厘米
2014年天坛街道柴庄村M1出土

　　釉陶。内部施酱褐釉，外部无釉。炉身呈圆盘形，折沿，弧腹较浅，平底，下承三乳足。内底有六条刻槽，排列有序。

釉陶炉

汉代
口径8.5厘米、底径8厘米、通高11.3厘米
2014年天坛街道柴庄村M1出土

　　釉陶。通体施绿釉。圆唇，折肩，鼓腹，平底，下承三乳足。上腹有两个环状立耳，其一已残。

釉陶。通体施红褐色釉，近底处无釉。炉上置釜，釜呈钵状，侈口，折沿，圜底。炉身呈亚腰状，一侧有一拱形火门，平底。

釉陶熏炉

汉代
通高32厘米、底径17厘米
2003年五龙口镇留村M4出土

　　釉陶。底座施褐釉，柄及炉身施绿釉。底座上饰山间野兽嬉戏图，以山峦为背景，其上有双鹿、熊虎搏斗、野猪、猴、人熊搏斗等图像，嬉戏图周围饰一周三角形纹和一周绳纹，绳纹外有一周凸起。柄呈柱状，有两组纹饰相对应，以山峦为背景，其上有野猪、老虎、鸟等。炉身呈花苞状，似一朵未开放的荷花，花瓣脉络明显，花瓣之间有镂空，花瓣上堆塑猴、蝉、鹅、鸟等装饰。猴作攀爬状，头后扭；蝉两翼张开，圆眼；鹅带有二幼鹅，头部残；鸟敛翅站立，头扭向外侧。

釉陶博山炉

汉代
口径9.7厘米、底径8.4厘米、通高21.2厘米
2010年坡头镇留庄村M1出土

　　釉陶。炉盖施绿釉，炉身及底座施红褐釉，口沿施绿釉。子母口，半球形炉腹，柱状柄，盘形底座。炉盖呈博山形，为多层山峰重叠状，盖上分布多处圆形镂孔。

釉陶博山炉

汉代
口径10.2厘米、底径9.5厘米、通高19.8厘米
2020年天坛街道建业桂园M40出土

　　釉陶。通体施绿釉。子母口，半球形炉腹，柱状柄，盘形底座。炉盖呈博山形，为多层山峰重叠状，盖上分布十余处圆形镂孔。

灰陶博山炉

汉代
口径11厘米、底径12厘米、通高21.5厘米
2020年天坛街道建业桂园M49出土

　　泥质灰陶。子母口，半球形炉腹，柱状柄较短，盘形底座。炉盖呈博山形，盖上浮雕山峦、人物、动物等形象，分布多处圆形镂孔。

灰陶熏炉

汉代
口径8.4厘米、通高12厘米
2017年天坛街道柴庄村M7出土

泥质灰陶。子母口,半球形炉腹,炉盖无存,柱状柄较
短。底座为昂首爬行的乌龟,龟背模印扇形、梯形等图案。

釉陶多枝灯

汉代
底径19.6厘米、通高66.38厘米
2003年五龙口镇留村M4出土

　　釉陶。由底座、灯柱、灯枝、托垫、灯盏组合而成。底座呈喇叭形，座面饰重山，施红褐釉。四棱形细长灯柱，向上逐渐收束，顶端有方形托垫，其上放置一绿釉鸟形灯盏。灯柱四周延伸有灯枝，从下到上分为一至三层，每层均有四根长枝，十字交叉。长枝向外延伸弯曲，上有方形托垫放置鸟形灯盏，长枝下有三角形支架。

釉陶灯

汉代
口径8.1厘米、底径9.7厘米、通高24.2厘米
2022年五龙口镇新建卫生院M28出土

    釉陶。通体施绿色釉，底座施红褐釉。覆盘
形底座，座面模印有纹饰。四棱形细长灯柱逐渐
向上收束成六棱状，灯柱中部刻画有倒三角形
纹饰。灯柱顶端有方形托垫，托垫上有三足圜底
灯盏。

釉陶器盖

汉代
直径14.1厘米、高3.4厘米
2022年五龙口镇新建卫生院M28出土

　　釉陶。通体施红褐釉。圆形，盖面隆起。盖
面饰龙纹，边缘装饰一圈锯齿形纹饰。

釉陶器盖

汉代

直径11.4厘米、高1.5厘米

2022年五龙口镇新建卫生院M28出土

　　釉陶。通体施红褐釉，盖面中间一圈施绿釉。圆形，盖面微隆，盖沿下折。盖顶中心图案为柿蒂形，四周围绕一圈三角形图案，最外侧一圈为菱形图案。

灰陶器盖

汉代
直径14.6厘米、高3.7厘米
2020年天坛街道建业桂园M66出土

　　泥质灰陶。圆形，盖面隆起。盖面上有两蛇
与两蟾蜍，以及水草、水波纹等纹饰。

彩绘灰陶俑首

西汉
宽11.1厘米、高9.8厘米
2011年五龙口镇西窑头村M1出土

　　泥质灰陶。中分双髻，两侧各有一孔。圆脸，细目高鼻，薄唇。面部施白彩，唇部施朱彩，发髻施黑彩。眉眼描墨，腮部两侧各施一朱彩圆圈。

彩绘灰陶俑首

西汉
宽5厘米、高10.7厘米
2022年五龙口镇纳米产业园三期M16出土

泥质灰陶。圆脸，深目，高颧，嘴巴张开，表情刻画自然生动。面部施白彩，唇部施朱彩。

釉陶骑马俑

汉代
通高23.28厘米
2003年五龙口镇留村M4出土

　　釉陶。马左耳及马鬃部分残缺，头部及马鬃饰绿釉，身体及尾部饰褐釉。整体呈
奔走状，头部向左歪，三角眼，吻部突出，嘴巴张开，头部有当卢等装饰品，尾根部
上扬，末端下压，右后肢向后作蹬地状，左前肢斜向后踩地，未发现马鞍。人俑通体
施绿釉，双手前伸作持缰状，双腿岔开骑于马上。俑头部梳有发髻，五官抽象，高
鼻，高颧骨，头微向右上方扬起，上衣下裤，衣袖宽大，腰部右后侧背有箭囊。

釉陶乐舞俑组合

汉代

2003年五龙口镇留村M4出土

　　均为釉陶，共计6件。模制并捏制而成。一胡人形象手舞足蹈于前，四个吹奏者环列而坐，另有一女性形象列坐。整体人物形象惟妙惟肖，动感十足。

釉陶俑

汉代
通高13.82厘米、宽6.92厘米
2003年五龙口镇留村M4出土

　　釉陶。俑身上部施深褐釉。为一胡人形象，头顶挽有一圆形发髻，头向右歪，高鼻，脸上有皱纹，眉毛刻画明显，络腮胡。上身赤裸，右手前伸，手掌张开，腆腹，下着宽大长裤，腰间系有腰带，右腿下接一圆形支座，左腿弯曲抬起，双脚下踩有细长尖状物。

釉陶俑

汉代
通高13.05厘米、宽6.24厘米
2003年五龙口镇留村M4出土

　　釉陶。俑身腰部以上施褐釉，腿部施绿釉。头戴圆形平顶帽，脑后挽有发髻。五官刻画简洁，高鼻，细颈，双臂向前伸，双手张开，手掌向前作前推状。双腿分立，下半身着中短裤，赤足。

灰陶舞乐俑群

汉代
2020年轵城镇南李庄M1出土

　　该俑群为泥质灰陶，模制而成，表现的是舞乐表演的场景，由吹埙俑、吹箫俑、听乐俑、侍女俑、杂技俑、俳优俑组合。呈现出多样化、安逸、诙谐等风格。

彩绘灰陶坐俑

汉代
通高14.7厘米、宽8.2厘米
2020年轵城镇南李庄村M1出土

　　泥质灰陶。俑身彩绘多已脱落。头戴冠，昂
首远视，身体前倾呈跪坐状，身着宽袖长袍。

彩绘灰陶舞俑

汉代
通高14.8厘米、宽10.4厘米
2020年天坛街道建业桂园M55出土

泥质灰陶。俑身有红色彩绘，大部分已脱落。头戴冠，身着宽袖交领长衫，下着阔腿长裤，作舞蹈状。

彩绘灰陶杂技俑

汉代
通高6.7厘米、长15.8厘米
2020年轵城镇南李庄村M1出土

　　泥质灰陶。俑身彩绘多已脱落。面部刻画简洁，双手撑于地面，双腿屈伸向上，作倒立状。

彩绘灰陶杂技俑

汉代
俑1通高8.41厘米、宽4.83厘米
俑2通高8.54厘米、宽5.63厘米
2003年五龙口镇留村M2出土

　　泥质灰陶。俑身施白彩，多已脱落。俑头向
后仰，脑后梳髻，五官略夸张。俑1双手撑于地
面，双腿并齐倒立。俑2双臂展开，右手已残，
一腿弯曲，高高抬起，一腿垂直向下。

1

106

2

灰陶俳优俑

汉代
通高19.1厘米、宽12.7厘米
2020年天坛街道建业桂园M66出土

　　泥质灰陶。大头，短颈，深目，高鼻，吐舌
憨笑。上身赤裸，双乳下垂，腆腹，凹腰，翘臀。
右臂上举，掌心朝外，左腿站立，右腿后伸。

灰陶俳优俑

汉代
通高15厘米、宽10厘米
2022年五龙口镇新建卫生院M15出土

　　泥质灰陶。深目高鼻，颧骨凸起，袒胸露乳，
大腹便便。下身着阔腿裤，肢体动作灵动夸张。

彩绘灰陶吹箫俑

汉代
通高18.4厘米、宽10.9厘米
2022年沿太行高速济源段尚前村M4出土

　　泥质灰陶。俑身及面部施红彩。踞坐，头戴
冠帻，身着交领长衫，双手持一排箫至唇边，作
吹奏状。

灰陶吹箫俑

汉代
通高16.7厘米、宽12.6厘米
2020年天坛街道建业桂园M66出土

　　泥质灰陶。踞坐，头戴冠帻，身着交领宽袖
上衣，衣服纹理清晰，左手放于耳边，右手持一
排箫至唇边，作吹奏状。

彩绘灰陶听乐俑

汉代
通高17厘米、宽10.9厘米
2022年沿太行高速济源段尚前村M4出土

　　泥质灰陶。俑身及面部施红彩，大部分已脱落。跽坐，头戴冠帻，身着交领宽袖长衫，左手作掩耳作听乐状，右手放置于腿侧。

灰陶坐俑

汉代
通高11.6厘米、宽8.4厘米
2020年天坛街道建业桂园M66出土

　　泥质灰陶。跪坐，头戴冠，面部模糊，双臂收于胸前，手掌竖起，似在鼓掌。上身着宽袖上衣，下身着长裙，裙尾拖于地。

釉陶哺乳俑

汉代
通高8.4厘米、宽6.6厘米
2022年五龙口镇新建卫生院M6出土

　　釉陶。通身施绿釉，背部釉面部分已脱落。身穿披风，
面部刻画清晰，席地跽坐，怀抱婴儿作哺乳状。

灰陶哺乳俑

汉代
通高9.4厘米、宽8.2厘米
2020年天坛街道建业桂园M66出土

泥质灰陶。面部模糊，头梳圆形发髻，怀抱
婴儿作哺乳状。身着广袖长裙，衣服纹理清晰。

釉陶俑

汉代

通高8.3厘米、厚7.4厘米

2021年五龙口镇纳米产业园一期M9出土

釉陶。通身施红釉，部分脱落。身披蓑衣，面部表情刻
画细腻，一手放于胸前，一手下垂至膝。

红陶踏碓俑

汉代
通高12.35厘米、长12.25厘米、宽5.6~6.82厘米
2003年五龙口镇留村M10出土

泥质红陶。残。三人前后并列位于前有一方形孔的长方形底座上，孔中原插物已不见，底座上前后两侧各置有一梯形栏杆，三人手扶栏杆作杵米状。站在最前端的人头部残缺，右腿直立，左腿弯曲；中间一人，弯腰，右腿直立，左腿弯曲；最后端一人，弯腰，无腿部刻画。三人均刻画粗糙，面部模糊，整体造型形象生动。

釉陶屠宰俑

汉代
人俑宽7.94厘米、通高12.45厘米
2003年五龙口镇留村M4出土

　　釉陶。人俑上半身釉质脱落，腿部施红褐釉。头部左倾看向刀处，头戴平顶帽，脑后挽髻，上着无袖上衣，下着阔腿中短裤，双腿弯曲分开站立，上身略弯，右手手臂高举，手中握刀，左臂微抬，手掌张开。人俑前有一长方形案，方形柱足。案上放置一头肥猪。

釉陶屠宰俑

汉代
人俑通高8.2厘米、宽6.6厘米
案高7厘米、长1.5厘米、宽6.2厘米
2022年五龙口镇新建卫生院M6出土

　　釉陶。人俑上半身釉质脱落，下半身施红褐釉。头戴平
顶帽，脑后挽髻，呈跪坐状，身体前倾。人俑前有一长方形
案，下承矮足。案上放置一头肥猪，四肢被绳索捆绑，侧
卧，头稍稍向上抬。

釉陶屠宰俑

汉代
通高16.38厘米、宽10.37厘米
2003年五龙口镇留村M4出土

　　釉陶。通身施红釉，上衣施绿釉。头戴平顶帽，上着短袖衣，下着阔腿裤，腰前系围裙，双腿分开站立，上身前倾，右手手臂高举，手掌呈握状，左臂微抬，手掌握拳，似为持物追赶。人俑左脚前有一狗，呈趴卧状，前肢弯曲跪地，后肢自然蜷缩，尾巴弯曲，双耳直立。

釉陶狗

汉代

狗1长21.46厘米、宽9.09厘米、高11.33厘米

狗2长19.54厘米、宽8.65厘米、高13.45厘米

2003年五龙口镇留村M4出土

釉陶。一只狗通体施褐绿釉、另一只通体施酱褐釉。模制、捏塑而成，细部特征刻画清晰。两狗呈撕咬状，两耳竖立，双目圆睁，尾巴向上高高翘起。狗1张口紧紧扑咬狗2颈部，右前爪按于狗2背部，两后肢扒地后蹬。狗2脖颈向左上侧翻伸，咬住狗1左前肢，四肢用力着地稍往后弓。

釉陶狗

汉代
长16.6厘米、宽5.7厘米、高3.8厘米
2022年五龙口镇新建卫生院M7出土

　　釉陶。通体施绿釉。头扭向左，匍匐于前肢之上，立耳，双目平视，身体蜷卧，宽尾平置于地。

釉陶狗

汉代
长16厘米、宽6.3厘米、高4.7厘米
2022年五龙口镇纳米产业园三期M2出土

　　釉陶。通体施红釉。头扭向左，匍匐于前肢之上，伏耳，身体蜷卧，宽尾平置于地。

灰陶狗

汉代
长15厘米、宽6.7厘米、高4.1厘米
2017年天坛街道柴庄村M7出土

泥质灰陶。立耳，双目圆睁，头向前，身体蜷卧，尾巴
紧贴臀部拖于腿侧，四肢肌肉发达。

彩绘灰陶狗

汉代
长18.1厘米、宽6.8厘米、高9.9厘米
2022年五龙口镇尚前村出土

　　泥质灰陶。通体施白彩，多已脱落。呈趴卧状，两前腿置于胸前，两后腿蜷曲于身下，立耳，双目圆睁，阔嘴，尾巴紧贴臀部。

彩绘灰陶狗

汉代
长26.4厘米、宽8.5厘米、高18.6厘米
2020年天坛街道东石花园出土

　　泥质灰陶。通体施白彩，嘴部残留红彩。呈站立状，目视前方，耳朵向前弯曲，阔嘴，尾巴上翘，体态健硕。

灰陶狗

汉代
长20.5厘米、宽7.6厘米、高15.5厘米
2020年轵城镇南李庄村M1出土

　　泥质灰陶。呈站立状，昂首目视前方，双立耳，阔嘴微
张，尾巴卷曲，作吠状。

彩绘灰陶狗

汉代
宽7.2厘米、高15.4厘米
2022年五龙口镇纳米产业园三期M7出土

泥质灰陶。通体施白彩，多已脱落。呈蹲坐状，头向上仰，目视前方，立耳，尾巴卷曲，前肢直立。

红陶鸡舍

汉代
口径20.54厘米、底径19.85厘米、围墙高5.89厘米
2003年五龙口镇留村M4出土

　　泥质红陶。整体呈圆形。围墙一侧有一长方形顶棚，棚上卧有两只鸡，顶棚两侧的围墙上各卧一只鸡。

釉陶鸡

汉代
长8.2厘米、高9.7厘米
2022年五龙口镇纳米产业园三期M2出土

　　釉陶。通体施红褐釉。鸡双腿合拢呈站立状，鸡冠高耸，昂首，双目圆睁，脖颈高昂，鸡身羽毛刻画真实细致，尾巴突出较大，呈弧线形后拖，整体生动自然。

彩绘灰陶鸡

汉代
长18.2厘米、高12.7厘米
2021年五龙口镇纳米产业园一期M18出土

　　泥质灰陶。鸡身彩绘多已脱落。鸡双腿分开呈站立状，昂首，双目圆睁，尖喙，两翅合于身侧，尾巴高高翘起。

釉陶双联鸡

汉代
长10.5厘米、宽6.2厘米、高6.4厘米
2022年五龙口镇新建卫生院M7出土

　　釉陶。两只鸡卧于一长方形底座上。左侧鸡体型较大，呈昂首状，鸡冠耸立，尖喙向前，通体施黄绿釉。右侧鸡体型较小，鸡冠较小，颈部弯曲至背部。

灰陶子母鸡

汉代
长11.2厘米、宽6.5厘米、高10.4厘米
2022年五龙口镇纳米产业园三期M7出土

泥质灰陶。母鸡呈卧状，头向左侧，目光注视背部，尾巴高耸。母鸡背部有一只小鸡，腹下有五只小鸡。

釉陶鸡

汉代
鸡1长9.62厘米、宽4.9厘米、高12.07厘米
鸡2长13.19厘米、宽5.09厘米、高7.67厘米
2003年五龙口镇西窑头村（沁北电厂工地）M4出土

　　釉陶。部分尾翼和趾爪缺失。高冠，尖喙，圆眼，头略向左，"S"形长颈，双腿粗长。两翼覆羽毛。鸡1身施绿釉，两肢施褐釉，昂首，一腿上抬，作行走状。鸡2身与两腿施褐釉，颈部、尾部及头部施绿釉，俯首，双腿分立，作啄食状。

1　　　　　　　　　　　　　　2

釉陶鹅

汉代

鹅1长9.48厘米、宽12.11厘米、高12.81厘米

鹅2长11.98厘米、宽12.06厘米、高13.06厘米

2003年五龙口镇留村M4出土

　　釉陶。鹅身施绿釉，釉层脱落，腿部未施釉。呈站立状，圆眼，扁喙，嘴中衔有一鱼，昂首，长颈弯曲，展翅，双腿粗壮，趾间有蹼。背覆羽毛。鹅1颈部前伸，鹅2颈部竖起。

1

2

家禽俑群

汉代
2020年轵城镇南李庄M1出土

　　该场景由两陶鸡、两陶鸭、一陶鹅家禽俑组合。俑均采用分模合范法。陶鸡俑呈昂首直立状，冠羽高耸，尾部上翘。陶鸭俑体态浑圆，短尾扁平。陶鹅俑身躯肥硕，颈部修长。

彩绘灰陶鸭

汉代
长14.2厘米、宽6厘米、高6.9厘米
2012年天坛西苑M7出土

　　泥质灰陶。鸭身彩绘多已脱落。呈伏卧状，
长喙，长颈前伸，双翅合身，羽毛纹理刻画清
晰，尾巴伏地。

彩绘灰陶鸭

汉代
长16.7厘米、宽8厘米、高8.6厘米
2012年天坛中心幼儿园出土

　　泥质灰陶。通体施彩绘，嘴部施红彩，鸭身以红、白彩绘出羽毛。两只鸭子形态基本一致，呈伏卧状，扁喙紧闭，圆眼，缩颈，双翅合身，尾巴伏地。鸭身两侧卧多只小鸭。

灰陶猪圈

汉代

直径23.6厘米、通高11.4厘米

2022年沿太行高速济源段北官庄村M5出土

泥质灰陶。整体呈圆形。围墙一侧有一两面坡顶猪舍，门开于墙上，与猪圈连通。圈内侧卧一只正在哺乳的母猪并15只小猪。

红陶猪圈

汉代
长19.5厘米、宽18厘米、通高11.6厘米
2022年五龙口镇北官庄村M1出土

　　泥质红陶。整体呈长方形。围墙一隅有一单面坡顶猪舍，门开于墙上，与猪圈连通。圈内侧卧一正在哺乳的母猪并四只小猪。

灰陶圈厕

汉代
长22厘米、宽19.6厘米、通高12.7厘米
2016年天坛街道龙湖壹号M3出土

泥质灰陶。整体呈方形。三面有围墙，一侧在高台上架筑一两面坡顶的厕所，下部与猪圈连通，厕所门前有台阶。圈内有一只立猪。

灰陶圈厕

汉代
直径25厘米、通高4厘米
2011年邵原镇邵原村M1出土

　　泥质灰陶。整体呈圆形，厕佚。圈内有一只
立猪，一侧有一斜坡供人上下至厕所，坡顶有一
圆形厕孔，斜坡下有一出粪口。

灰陶猪圈

汉代
直径21厘米、通高12.5厘米
2020年天坛街道建业桂园M66出土

　　泥质灰陶。整体呈圆形。围墙一侧有一单面
坡顶猪舍，门开于墙上，与猪圈连通。门前站立
两只鸡，圈内趴卧一只猪。

灰陶猪圈

汉代
直径20.1厘米、通高12.3厘米
2020年天坛街道东石露头村M1出土

　　泥质灰陶。整体呈圆形。围墙一侧有一单面坡顶猪舍。
圈内侧卧一母猪。

彩绘红陶圈厕

汉代
2003年五龙口镇留村M4出土

　　泥质红陶，围墙、厕顶与猪舍施白彩。整体呈长方形。围墙一隅有一坡顶的猪舍，门前侧卧一只正在哺乳的母猪并五只小猪，猪身施红褐釉。母猪后侧有一只在食槽前进食的立猪。食槽上方的围墙上蹲有一人，头残，弯腰，一手扶墙，一手下伸作投喂状，上身施黄褐釉，下身施白彩。厕所正对面的圈墙上立有两只水禽，其中一只腹下有五只幼崽。厕所斜对角有一屋顶呈四阿形的厕所，外侧开一窗，窗下有两条长方形镂孔，表面有菱形纹饰。

釉陶牛

汉
长21.38厘米、宽7.49厘米、高12.19厘米
2003年五龙口镇留村M4出土

　　釉陶。四肢不施釉，颈背处及腹部部分施绿釉，其余部分施褐釉。呈站立状，头微低，圆眼，宽耳，吻部突出，牛角高耸呈"S"形，前后肢平行站立，尾巴自然下垂，肌肉明显。

釉陶牛

汉
长20.5厘米、宽7.5厘米、高11厘米
2003年五龙口镇西窑头村（沁北电厂工地）M10出土

　　釉陶。模制并捏塑而成。呈奔跑状、仰头，牛角向外弯曲，双目圆睁，右侧前肢前伸扒地作用力状，后肢微屈向后蹬，肢体健硕有力，短尾后伸。整体自然生动。

灰陶牛

汉代

长30.4厘米、高19厘米

2020年天坛街道建业桂园M66出土

　　泥质灰陶。呈站立状，圆眼，双耳双角自然伸向两侧，面部模糊，细尾自然下垂。

灰陶牛

汉代
长31.24厘米、宽10.08厘米、高19.81厘米
2003年五龙口镇留村M35出土

　　泥质灰陶。呈站立状。吻部向前突出，两角斜向上，角尖内收，两角粗壮，顶端尖锐，圆眼有神，眼下毛发清晰，颈部粗壮，腹部两侧肋骨刻划清晰可见，腿骨及尾骨明显，尾巴下垂，四肢分开站立，蹄部刻画明显。体态清瘦，形象生动。

灰陶牛

汉代
长17.94厘米、宽7.74厘米、高8.83厘米
2003年五龙口镇留村M2出土

　　泥质灰陶。呈卧状，头抬起略前伸，四肢屈
卧于地，尾贴于臀部，骨骼明显。颈部、腹部有
鬃毛纹饰。

红陶卧羊

汉代
长8.5厘米、宽3.1厘米、高4.5厘米
2003年五龙口镇西窑头村（沁北电厂工地）出土

　　泥质红陶。呈卧状，头侧向右，右侧后肢前举作挠首状，右侧前肢屈跪，左侧前肢自然向前伸展。

陶羊组合

汉代
2003年五龙口镇留村M4出土

泥质灰陶或褐陶。整体呈趴卧状，前肢弯曲跪地，后肢弯曲置于地面，头朝正后方，圆眼，羊角弯曲，吻部前凸，口微张，肌肉轮廓刻画明显。

六博棋

西汉
长约2.8厘米、宽约1.5厘米、厚约1.5厘米
2022年五龙口镇纳米产业园三期M15出土

　　骨质。均为长方体，分两类，一类为厚长方体，一类为薄长方体，大小棋颜色不同，作用也不一样。

青铜盆

汉代

口径31.3厘米，高5.6厘米

2022年五龙口镇纳米产业园三期M15出土

　　青铜质地。敞口，宽沿外折，直腹下折内收，平底。

玉带扣

汉代

长2.9厘米、宽2.8厘米

2020年天坛街道建业桂园M43出土

　　玉质。整体呈"H"形。

铜带钩

汉代

通长4.4厘米、宽2.9厘米

2022年五龙口镇纳米产业园三期M15出土

　　青铜质地。蝙蝠形，圆钮，有钩。

铜带钩

汉代

通长10.5厘米、宽1.2厘米

2021年五龙口镇纳米产业园一期M17出土

　　青铜质地。琵琶形，圆钮，有钩。

铜带钩

汉代

通长15.7厘米、宽2.4厘米

2012年思礼镇卢全文化广场M14出土

　　青铜质地。琵琶形，圆钮，蛇形钩首。钩面
镶嵌绿松石，出土时绿松石脱落遗失。

铜带钩

汉代

通长12.4厘米、宽2.8厘米

2022年五龙口镇纳米产业园三期M10出土

　　青铜质地。琵琶形，圆钮，钩首残。

"日光"铜镜

汉代
直径7厘米、厚0.4厘米
2022年五龙口镇新建卫生院M28出土

　　青铜质地。镜作圆形，半球形钮。镜背纹饰分为内外两区，内区饰内向连弧纹一周，外区为铭文带，有铭文"见日之光，天下大明"，字间夹以涡形、"而"字形符号。铭文带内外各饰栉齿纹一周。宽平素缘。纹饰清晰，做工精美。

"昭明"铜镜

汉代
直径10.2厘米、厚0.3厘米
2013年中原锻压工地M1出土

　　青铜质地。镜作圆形，半球形钮，圆形钮座。钮座周围均匀伸出四组（每组三线）短竖线条，其间夹饰一短弧线，其外窄平素纹，再外内向连弧纹及符号，连弧纹之外为两周栉齿纹。栉齿纹之间镌刻铭文"内清之昭明，光象夫日月，心忽扬……泄"，字间夹以"而"字形符号。宽平素缘。

四乳四虺纹铜镜

汉代
直径8.2厘米、厚0.4厘米
2022年五龙口镇新建卫生院M24出土

　　青铜质地。镜作圆形，半球形钮，圆形钮座。钮座周围均匀伸出四组（每组三线）短竖线条，其间夹饰一短弧线。主体纹饰为蟠虺纹，以四个圆座乳钉相隔为四区，主纹内外各饰栉齿纹一周。宽平素缘。

四乳八鸟纹铜镜

汉代
直径8.3厘米、厚0.38厘米
2020年天坛街道建业桂园M40出土

　　青铜质地。镜作圆形，半球形钮，圆形钮座。钮座周围均匀伸出四组（每组三线）短竖线条，其间夹饰一短弧线，再外饰二周栉齿纹，栉齿纹之间有四个圆座乳钉，四乳之间各分布相向的两鸟。宽平素缘。

博局纹铜镜

汉代
直径16.1厘米、厚0.49厘米
2020年天坛街道建业桂园M23出土

　　青铜质地。铜镜作圆形，整体由钮区、中区、边区三部分组成。半球形钮，方形钮座，方框与钮之间置有12枚乳钉，其间饰有十二地支铭纹。方框外部为中区，方框四边中间饰双线"T"形图案。"T"形图案与外侧"L"形图案相对应，方框四角与"V"形图案相对置，将中区分成四方八等分，其间青龙配禽鸟，白虎配独角瑞兽，朱雀配狮头瑞兽，玄武配海兽。外饰凸弦纹两周，弦纹间为铭文带，有铭文"新有善铜出丹阳，和以银锡清且明，左龙右虎掌四方，朱雀玄武顺阴阳，长宜子孙"。铭文带外为栉齿纹，与宽平沿相连，其沿由内向外分别饰锯齿纹、双线连体云纹一周。

"长宜子孙"铜镜

汉代
直径13.5厘米、厚0.3厘米
2020年轵城镇南李庄村M1出土

　　青铜质地。镜作圆形，半球形钮，柿蒂纹钮座，柿蒂纹之间有"长宜子孙"四字铭文，其外一周为窄平素纹，再外饰内向连弧纹，连弧纹之间饰铭文"禾（利）父母兮"四字。宽平素缘。

"君宜高官" 铜镜

汉代
直径11.3厘米、厚0.33厘米
2020年轵城镇南李庄村M1出土

　　青铜质地。镜作圆形，半球形钮，柿蒂纹钮座，柿蒂纹之间有"君宜高官"四字铭文，其外饰内向连弧纹。宽平素缘，局部光亮。

铜刀

汉代
长60厘米、宽2.5厘米
2021年五龙口镇辛庄村M3出土

青铜质地。环形柄，直刃。

铜席镇

汉代
直径2.3厘米、高1.2厘米
2021年五龙口镇纳米产业园一期M5出土

青铜质地。半球形，底部有贯穿圆孔。

铜盖弓帽

汉代
长3.9厘米、宽2.1厘米
2021年五龙口镇留村M5出土

半球形顶，束颈，筒腹，上端较细，下端略粗，中部有一锥形倒钩。

铜车马器

汉代
直径2.6厘米、长6.4厘米
2021年五龙口镇纳米产业园一期M17出土

筒状中空，半球形顶，上端略细，下端略粗，筒壁有圆形穿孔。

彩绘灰陶鞍马

西晋
长34.7厘米、宽10厘米、高25.2厘米
2017年五龙口镇西窑头村M10出土

　　泥质灰陶。马身施白彩，多已脱落。呈站立状，挺胸昂首，双目圆睁，躯体肥硕，四肢短小而粗壮，尾巴自然下垂。马背置一鞍，腹侧垂有障泥。

彩绘灰陶女立俑

西晋
通高23.8厘米、宽10.6厘米
2017年五龙口镇西窑头村M10出土

　　泥质灰陶。通身施白彩。头梳高髻，身着交领上衣，下着及地长裙，双手拢于腹前。

彩绘灰陶男立俑

西晋
通高24厘米、宽7.4厘米
2017年五龙口镇西窑头村M10出土

　　泥质灰陶。通身施白彩。头戴平顶帽，身着交领上衣，下着长裤，双腿分立略弯曲，双手置于腹前。

灰陶鸡

西晋
长13.9厘米、宽8厘米、高13.8厘米
2023年轵城镇裴沟村M2出土

泥质灰陶。呈站立状，鸡冠高耸，尖喙向前，双目圆睁，昂首，双翅合身，尾巴呈弧线形。羽毛刻画清晰，线条流畅。

灰陶槅

西晋
长29.5厘米、宽19.2厘米、高7.3厘米
2017年五龙口镇西富头村M10出土

泥质灰陶。长方形，共分为15个大小不等的格子，底部
有壶门形座。

唐宋金元明清
时期

三彩粉盒

唐代
口径6.2厘米、高1.5厘米
2022年五龙口镇北官庄墓地M13出土

　　盒盖已失。盒身子母口，直口，直腹，平底。盒壁施黄、蓝釉，内部无釉。

三彩带盖小罐

唐代
口径3.6厘米、通高5.7厘米
2020年天坛街道建业桂园M10出土

　　子母口，有盖，盖上有一宝珠形钮，丰肩，鼓腹，小平
底。底面及内部无釉。

瓷盏

唐代
口径11.3厘米、高3.5厘米
2014年天坛街道柴庄村龙潭湖M2出土

敞口，圆唇，斜腹，矮圈足。通体施青白釉，外壁施釉不及底。

瓷壶

唐代
口径6.6厘米、底径7.5厘米、
高22.4厘米
2020年天坛街道建业桂园M10出土

　　盘口，圆唇，束颈，溜肩，鼓腹，饼形足。
口沿及上腹施黄釉，腹下部无釉。

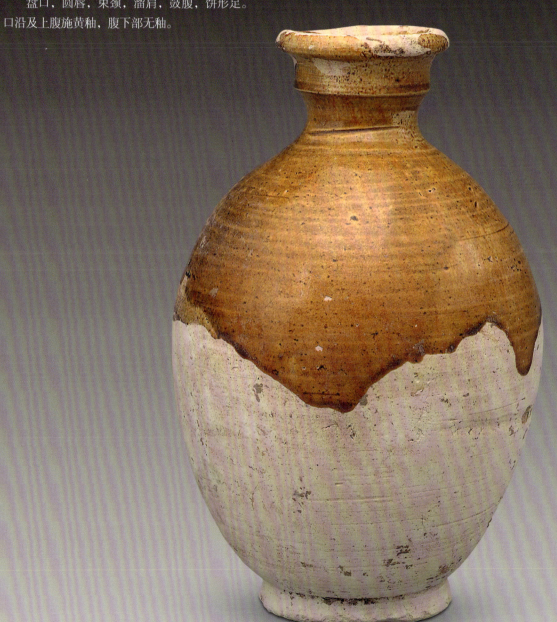

瑞兽葡萄纹铜镜

唐代
直径13.3厘米、厚1.4厘米
2020年天坛街道建业桂园M10出土

　　青铜质地。镜呈圆形，镜面微凸。镜背中间一周凸棱将纹饰分为内外两区。内区以镜钮为中心，钮呈瑞兽形，周围环绕五只瑞兽，逆时针排列，瑞兽之间填充葡萄枝叶。外区装饰飞鸟和葡萄枝叶相间隔排列，环绕一周。

双鸾花鸟纹铜镜

唐代
直径12.3厘米、厚0.5厘米
2020年天坛街道东石花园M4出土

　　青铜质地。镜呈八瓣葵花形，半球形钮。镜背纹饰分为内外两区。内区以镜钮为中心，钮上方饰云纹，钮下则为一只衔葡萄的雀鸟，站在花枝上。镜钮的左右两边各饰一只鸾鸟，颈部系飞扬的绶带，作振翅飞翔状。外区的镜缘内四组花草纹和四组云纹相间对称分布，环绕一周。

铜盘

唐代
直径20.5厘米、高3厘米
2020年天坛街道东石花园M4出土

　　青铜质地。敞口，圆唇，浅腹，平底。

双系瓷罐

北宋
口径13.4厘米、底径7.1厘米、高9.6厘米
2022年7月30日五龙口镇新建卫生院M29出土

　　直口，圆唇，束颈，圆肩，颈肩部饰两个对称的桥形耳，扁鼓腹，矮圈足。内外施黑釉，外壁施釉不及底。

瓷行炉

宋代
口径11.4厘米、底径5.5厘米、通高5.9厘米
2014年天坛街道柴庄村龙潭湖M2出土

敞口，宽折沿，浅腹内折，矮柄，覆盆形足。柄部有一
圈凸棱。通体施青白釉。

瓷枕

宋代
长25.3厘米、宽18厘米、高9.9厘米
2012年天坛中心幼儿园M5出土

　　整体呈腰圆形。枕面微凹，前高后低。表面
满施绿釉，戳印出月牙等纹饰。

瓷枕

宋代
长15.7厘米、宽11.3厘米、高9.3厘米
2014年天坛街道柴庄村龙潭湖M2出土

整体呈银锭形。枕面下凹，前高后低，斜直壁。表面满
施黄、绿釉，枕面上饰柳树、禽鸟、水波等纹饰。

带柄铜镜

宋代
柄长9.92厘米、直径11.6厘米、厚0.6厘米
2022年五龙口镇新建卫生院工地M29出土

青铜质地。圆形，带扁长柄。镜背主体纹饰由山水、祥云、人物、小船、鱼等组成。素窄缘。

铜镜

宋代
直径10.9厘米、厚0.3厘米
2021年轵城镇雁门村M1出土

　　铜质。镜作圆形，银锭形钮，镜背饰有人物、花草等纹饰。

双系瓷罐

金代
口径12厘米、底径7.2厘米、高10.7厘米
2011年轵城镇赵礼庄村M2出土

　　子母口，短颈，溜肩，圆鼓腹，圈足，肩部饰两个对称的桥形系。器表施白釉，腹部以褐彩绘制花草纹。圈足及底部无釉，内壁满施酱色釉。

双系瓷罐

金代
口径13.3厘米、底径7.7厘米、高11.8厘米
2012年沁园街道建业壹号城邦建设工地出土

　　直口，短束颈，鼓腹，圈足，颈肩部饰两个对称的桥形系。芒口，内外皆施酱褐釉。

瓷碗

金代
口径13.1厘米、底径5.4厘米、高5.6厘米
2011年邵原镇第二幼儿园M3出土

　　直口，圆唇，斜腹，圈足。内外皆施褐色釉，外壁施釉
不及底。

瓷盏

元代
口径15.2厘米、底径6.1厘米、高3.4厘米
2011年黄河科技学院（济源校区）M1出土

直口外敞，圆唇，腹下折内收，小圈足。内外皆施青褐釉，外壁釉不及底。

瓷盏

元代
口径11.1厘米、底径4.2厘米、高2.2厘米
2011年黄河科技学院（济源校区）M1出土

敞口，卷沿外撇，圆唇，浅腹，小圈足。内外皆施青
釉，底部及足部无釉。

瓷碗

元代
口径19.5厘米、底径6.8厘米、高8厘米
2020年下冶镇大岭村出土

　　敞口，圆唇，斜腹，小圈足。内外皆施酱褐釉，外壁釉
不及底。

瓷罐

元代
口径11厘米、底径7.3厘米、高15.5厘米
2020年下冶镇大岭村出土

　　侈口，圆唇，圆肩鼓腹，平底。肩腹部对称堆贴四朵小
花。通体施酱褐釉。

瓷梅瓶

元代
口径5厘米、底径10.8厘米、
高30厘米
2012年承留镇承留村出土

　　小口，圆唇，短颈，圆肩，下腹内收，圈足。
红胎，口颈及腹部施青绿釉，肩部一周无釉。

四瑞兽纹铜镜

元代
直径15.2厘米、厚0.9厘米
2020年下冶镇大岭村出土

　　青铜质地。镜作圆形，半球形钮，圆形钮座。钮座周围环绕四只瑞兽，逆时针排列。其外两周凸棱，凸棱之间镌刻铭文，较模糊，依稀可辨为"赏得秦王镜，判不惜千金，非关欲照胆，特是自明心"。直缘。

杂宝人物纹铜镜

明代
直径10.8厘米、厚0.9厘米
2022年五龙口镇新建卫生院M11出土

　　青铜质地。镜作圆形，银锭形钮，直缘。镜背装饰高浮雕杂宝人物纹。

玉烟嘴

清代
长7.8厘米、直径1厘米
2011年承留镇承留村M5出土

整体呈细长管状，衔口端微向外扩，中空贯通。表面光洁，呈现柔和的玻璃光泽。

金耳环

清代
直径2.1厘米、宽0.4厘米
2011年承留镇承留村M5出土

金质，花丝镶嵌祥云，錾刻树叶等花纹。

鎏金铜扁方

清代
长14.4厘米、宽1.2厘米、厚0.14厘米
2011年承留镇承留村M5出土

铜质，鎏金。首端卷曲，呈圆柱状。簪杆细长扁平，尾端呈扁平抹角状。器身正面錾凤纹，两侧各有一条阴刻线。

铜扁方

清代
长13厘米、宽1.2厘米、厚0.09厘米
2011年承留镇承留村M5出土

　　铜质。首端卷曲，呈圆柱状。器身细长扁平，尾端呈圆弧尖状。首端錾云头纹，器身正面錾花饰，纹饰上嵌有螺钿。

西班牙银币

清代
直径3.8厘米、厚0.3厘米
2011年承留镇承留村M5出土

圆形。正面中央为西班牙皇室的皇冠与盾徽，盾面由斜角对称图案组成，其中雄狮代表莱昂王国，城堡代表卡斯蒂利亚王国，中心的鸢尾花代表波旁王朝。盾徽右侧有面值"8里尔"，边缘残留有拉丁文"D·G·HISPAN·ETIND·PEX"（蒙神之恩，西班牙与西印度的国王）。背面中央为重叠的东西半球，已锈蚀。地球上方有皇冠，下方为海波，左右两侧有海格力斯之柱，柱顶有皇冠，柱身缠绕绶带，绶带上铸有拉丁文"PLUS ULTR"（海外还有天地）。此样式的银币于十八世纪开始铸造，因背面有双柱及地球，又称"地球双柱"银币。